Instrucciones prácticas para nuevos creyentes

Rodolfo Cruz Aceituno

Instrucciones prácticas para nuevos creyentes

GRUPO NELSON
Una división de Thomas Nelson Publishers
Desde 1798

NASHVILLE   DALLAS   MÉXICO DF.   RÍO DE JANEIRO

©1989 Editorial Caribe
Departamento de Producción y Ventas:
9200 S. Dadeland Blvd., Suite 209
Miami FL 33156, EE.U-U.

ISBN 0-89922-002-9
ISBN 978-0-89922-002-4

Vigesimocuarta edición, 2001

Printed in Colombia
Impreso en Colombia

23ᵃ Impresión, 02/2011
www.caribebetania.com

Printed in United States
Impreso en Los Estados Unidos

INDICE

INTRODUCCION

Este folleto apareció por primera vez en la ciudad de Guatemala, donde se publicaron dos ediciones, con el nombre de "Pláticas con los candidatos al bautismo". Desde el año de 1951 se ha seguido publicando en San José, Costa Rica, bajo el título "Instrucciones prácticas para nuevos creyentes".

Desde entonces hasta ahora, que se publica esta edición, ha sido notablemente corregido y aumentado para que sea de mayor utilidad. Su nuevo nombre tiene por objeto indicar que sirve a un mayor número de personas, ya que antes se pensó sólo en los que aspiraban a bautizarse, cuando en realidad lo que contiene es útil para todos los cristianos, tanto nuevos como antiguos.

Este folleto comprende una serie de lecciones básicas e indispensables para la vida práctica del cristiano, para que su lectura y estudio sean provechosos para nuevos creyentes. Ellos encontrarán en él consejos oportunos basados en la Palabra de Dios, pero también los antiguos creyentes hallarán material para la dirección de sus vidas, y conocimientos para poder aconsejar a los nuevos hermanos en la fe.

Como el principal objeto de esta obra es ayudar a los pastores en su ardua labor de instruir a los futuros miembros de la iglesia, aconsejo, para los mejores resultados del uso de estas lecciones, poner en manos de cada candidato un ejemplar, y que semana tras semana el pastor se reúna con ellos para explicar cada lección y recabar algún dato de la que se estudió con anterioridad.

Si al pastor le parece innecesario explicar todas las lecciones, que escoja las que crea más convenientes, o se adapten mejor a las circunstancias especiales de su iglesia. Lo que no debe dejar de hacer es consultar los pasajes bíblicos en la misma reunión con los candidatos, y darles la oportunidad de leerlos, pues esto dará autoridad divina a cada pensamiento o consejo dado en las lecciones, y resultará de ello un trabajo satisfactorio.

En cuanto al tiempo que ha de durar dicho curso, no se impaciente el pastor por tener que ocupar un largo período, pues esto servirá para afirmar mejor la fe de los que aspiran a ser miembros, y al bautizarlos, tendrá la satisfacción de haber hecho una obra lenta pero eficaz.

Bendiga el Señor este humilde trabajo que pongo a sus pies, y lo use para ayudar a los obreros de su viña en la delicada labor de hacer discípulos, antes que prosélitos.

R. C. A.

San José, C. R., marzo de 1959.

1
Dios

Cuando abrimos el Santo Libro, la Biblia, encontramos que sus primeras palabras nos dicen así: "En el principio creó Dios los cielos y la tierra." En esta expresión se dan por sentadas dos cosas: Que Dios existe, y que es creador de todo cuanto existe.

I. DIOS-SU EXISTENCIA Y ATRIBUTOS

1. *La existencia de Dios es el más grande de los misterios.* — Es indescifrable para los hombres y aun para los ángeles. Tiene sus alturas y profundidades, y la mente finita del hombre nunca podrá medir lo infinito (Job 11:7, 8).

La Biblia nos presenta este hecho como una evidencia incontrovertible. Ningún pasaje en el AT presenta a los hombres buscando evidencias de la existencia de Dios: ésta se da por sentada, aunque sí hay pasajes que revelan que algunos negaron a Dios con necedad (Salmo 14:1).

2. *Tras una declaración viene la otra. Dios existe; pero además es el creador de todo lo que existe.* — La razón por sí sola nos dice que el gran universo debe haber tenido un principio, y que como efecto tuvo una

causa, pero en Génesis 1:1 y en otras partes de la Biblia se nos dice que Dios creó todas las cosas (Hebreos 11:3).

3. *Dios es presentado a través de la Biblia como un Ser perfectísimo.* — Es poseedor de atributos que nos revelan su majestad, gloria y magnificiencia. Es Espíritu, Juan 4:24. Tiene existencia propia, Juan 5:26. Es eterno, Génesis 21:33; Salmo 90:2. Inmutable, Salmo 102: 27; Malaquías 3:6. Omnipotente, Génesis 17:1; Apocalipsis 19:6. Omnisciente, Salmo 139:1-6. Omnipresente, Salmo 139:7-11. Justo, Salmo 145:17; Isaías 28:17. Amor, 1.ª Juan 4:8-10. Veraz, Deuteronomio 32:4. Sabio, Salmo 104:24; Romanos 11:33. Santo Exodo 15:11; 1.ª Pedro 1:16.

II. DIOS - UN SER TRINO Y UNO

1. En muchas partes del AT encontramos expresiones que hablan de la pluralidad que existe en la Divinidad, tales como Génesis 1:26 y 3:22.

2. También hay pasajes del A. T. que nos dejan entrever la Trinidad de Dios: Génesis 18:1-3; Isaías 6:3.

3. Pero en el N. T. encontramos presentada, con toda claridad, la doctrina de la Trinidad de Dios; en su manifestación simultánea, Mateo 3:16-17; en la fórmula bautismal, Mateo 28:19; en la bendición apostólica, 2.ª Corintios 13:14 y en 1.ª Juan 5:7.

4. No obstante ser Trino como ya hemos visto, es un solo Dios y no tres Dioses (Deuteronomio 6:4; Isaías 44:6). Hay tres personas distintas, y cada una de ellas es la Divinidad.

El Padre crea, el Hijo redime, y el Espíritu Santo santifica, y sin embargo, en cada operación los tres están presentes: El Padre es preeminentemente el Creador, sin embargo, el Hijo y el Espíritu Santo se describen como cooperadores en esa obra. El Hijo es preeminentemente el Redentor; sin embargo, Dios el Padre y el Espíritu Santo se describen como los que envían al Hijo a redimir. El Espíritu Santo es el Santificador, sin embargo, el Padre y el Hijo cooperan en esta obra.

III. DIOS - UN SER COGNOSCIBLE POR EL HOMBRE

1. Todas las obras de la creación nos hablan enfáticamente de Dios y son medios por los cuales el hombre puede conocer a Dios como San Pablo lo declaró (Romanos 1:19, 20).

2. El apóstol se refirió especialmente a los paganos, cuyo conocimiento era suficiente para considerar inexcusable su idolatría. ¿De dónde les vino ese conocimiento? De la capacidad que tenían para inferir de las obras de la creación la existencia del Creador, Romanos 1:19-21.

3. Desde la creación del mundo los atributos de Dios han sido suficientemente manifiestos para ser percibidos por sus obras, y la mente humana ha sido capaz de reconocerlos aunque sean invisibles. Es verdad innegable que las cosas hechas sugieren un hacedor y las obras denotan un creador, y por lo tanto, es incuestionable que el hombre al inferir la existencia del Creador debe tributarle honor y gloria.

4. La creencia en la existencia de Dios está prácticamente tan extendida como la raza humana, aunque a menudo esa creencia está groseramente pervertida y llena de superstición. Algunos arguyen que hay razas que no tienen ese conocimiento; pero no es cierto. Jevons, un experto en el asunto de razas y religiones

comparadas, dice que tal idea se ha ido al limbo de las controversias.

¿De dónde ha venido ese conocimiento aun a las razas más atrasadas? Ha venido de Dios mismo que hizo la naturaleza con sus hermosuras y cosas admirables e hizo al hombre capaz de ver en la naturaleza a su Creador.

Dios existe y el hombre tiene capacidad para conocerle; y actualmente no sólo por la naturaleza, sino también por su revelación escrita, la Biblia.

2
La Biblia

En esta serie de estudios que tiene por objeto llevar al cristiano a la mejor comprensión de sus deberes como miembro de la iglesia, bueno es detenernos para hacer algunas consideraciones acerca del Libro de Dios: La Biblia. Ella nos ha de servir en el decurso de estas pláticas para afirmar conocimientos y entender la voluntad de Dios, y bueno será habernos formado el concepto debido de este Santo Libro.

I. ¿QUE ES LA BIBLIA?

1. No es simplemente un libro o conjunto de libros de historia o de moral como otro cualquiera. Es "El Libro de Dios", "Carta de Dios Omnipotente a su criatura", la llamaba Gregorio Magno.

2. Es el tesoro más valioso que el creyente puede tener en sus manos; ni el más sabio con todos sus conocimientos, ni el más rico con todos sus haberes, posee mayor riqueza que aquél que tiene en sus manos los oráculos de Dios que son fuente divina de toda gracia y manantial inagotable de vida eterna (Salmo 12:6; Juan 8:51).

II. UTILIDAD DE LA BIBLIA

1. El Señor Jesucristo la usó constantemente y se sirvió de ella para repeler los ataques del enemigo (Mateo 4:7, 10). Basó en ella sus enseñanzas y la citó con suma frecuencia (Mateo 5:21, 33, 38, 48); la recomendó a sus seguidores llamándoles la atención a que contenía vida (Juan 5:39). Ese ejemplo del Señor nos puede servir para comprender mejor su utilidad.

2. A nosotros los cristianos la Biblia ha de servirnos para pelear la buena batalla de la fe, en la cual tenemos que lidiar con malicias espirituales y sólo la espada del Espíritu puede darnos la victoria (Efesios 6:17). Es la Biblia la única que nos hará sabios para vivir esa vida de plena salvación (Juan 17:17; 2.ª Timoteo 3:15-17), y derivar de ella la más grande y necesaria sabiduría.

III. LA MANERA DE SACAR EL MAYOR PROVECHO DE ELLA

1. Antes de comenzar su lectura debemos dirigirnos a Dios por medio de Jesucristo, quien es el único digno de abrirnos el Divino Libro y romper sus sellos (Apocalipsis 5:5, 9).

2. Debemos penetrarnos de suma reverencia hacia el Santo Libro, mirar las verdades eternas que contiene como palabras del mismo Dios que nos habla, y procurar atesorarlas en nuestro corazón (Salmo 119:11).

3. Es necesario leer las Santas Escrituras con grande humildad y entera sumisión a nuestro Dios, no con espíritu altivo de discutir sus preceptos u ordenanzas, sino más bien con la disposición de someternos a sus dictámenes (Hechos 9:6).

4. Jesucristo es el grande objeto que siempre hemos de tener presente en la lectura; debemos ver refulgir la gloria de Dios en cada una de las páginas, y considerar nuestro bien eterno en cada palabra.

5. Finalmente, debemos estar embargados de la certeza de que en la Biblia, como arsenal y alfolí, encontramos invariablemente lo ideal para las necesidades nuestras, las de nuestros familiares y las de todos nuestros prójimos.

3
El hombre

Será en forma muy somera que nos ocuparemos del hombre en esta lección, ya que a través de los estudios subsiguientes hablaremos de él en sus diferentes relaciones, para consigo mismo, para con Dios, con otros hombres o con la iglesia. Lo veremos desde los puntos siguientes:

I. SU ORIGEN

1. Cuán hermoso es atenernos a la declaración simple y sencilla que la Biblia nos de del origen del hombre. Dice así: "Y dijo Dios: Hagamos al hombre a nuestra imagen, conforme a nuestra semejanza... Formó, pues, Jehová Dios al hombre del polvo de la tierra, y alentó en su nariz soplo de vida..." (Génesis 1:26 y 27.)

2. Algunos supuestos sabios han querido desvirtuar ese relato sencillo y nos hablan del origen del hombre en una forma ridícula. Nos dicen que hemos llegado al estado actual por una serie de transformaciones que comenzaron con una larva, o bien, que el hombre desciende del mono, etc. ¡Qué triste origen, si nos atenemos a eso!

16

3.   Pero el origen del hombre según la Biblia como queda dicho, cuán noble es. Dice: "Creado a la imagen y semejanza de Dios." Esto sugiere la superioridad del hombre sobre los varios órdenes de animales, colocándole en completo dominio y señorío sobre todo lo creado (Génesis 1:28).

II.   SU CAIDA

1.   Desgraciadamente, el hombre no guardó ese estado prístino y cayó haciéndose infeliz. El diablo usó a la serpiente como instrumento, le tentó, y éste desobedeció a Dios y cometió el pecado (Génesis 3:1-6).

2.   Inmediatamente se ve en los transgresores una conciencia culpable; sus ojos fueron abiertos, advirtieron su desnudez y fueron invadidos de un hondo sentimiento de temor que les hizo esconderse de Dios (Génesis 3:7, 8).

3.   Dios apareció para pronunciar un juicio de maldición sobre cada uno de los culpables, y lo que es peor, ordenar su destitución del Paraíso (Génesis 3:9-20, 23, 24).

III.   SU ESTADO ACTUAL

1.   Podemos asegurar que toda la raza humana desciende de aquel primer hombre que fue creado a imagen de Dios, que cayó, y que fue expulsado del Edén (Hechos 17:26).

Teniendo, pues, todos un mismo tronco genealógico podrido y defectuoso, es lógico y natural que las ramas estén carcomidas y los frutos maleados (Eclesiastés 7:29).

2. De lo anterior llegamos a la triste realidad de que los efectos del pecado de Adán no se limitaron a él mismo, sino que se transmitieron a su posteridad, es decir, a toda la raza humana (Romanos 5:12, 19).

3. La desgracia moral en que se encuentra el hombre puede constatarse a través de las edades por medio de la historia y lo que vemos y experimentamos en la actualidad. La Biblia no puede ser más clara en los conceptos que emite a este respecto (Isaías 1 y Romanos 3:10-19).

4. Puntualizando el cargo vemos que la Biblia nos dice que por el pecado el hombre es hijo del diablo (Juan 8:44) y por lo tanto está: Perdido (Isaías 53:6), Alejado de Dios (Isaías 59:2; Efesios 2:12), Muerto en pecados (Efesios 2:1; Colosenses 2:13), Bajo la ira de Dios (Juan 3:36; Romanos 1:18), Expuesto a juicio y muerte eterna (Lucas 16:22, 23; Hebreos 9:27), Destinado al infierno (Apocalipsis 21:8).

IV. SU RESTAURACION

1. El Señor Jesucristo tuvo que venir del cielo para buscar y rescatar al hombre (Lucas 19:10).

2. La restauración además incluída la reconciliación del hombre con Dios, que Jesucristo logró por su muerte en la cruz y su sangre derramada (Colosenses 1:20, 21).

3. También por su misma muerte nos dio vida abundante y eterna, restaurándonos del estado de muerte en que nos había dejado el pecado (Juan 10:10; Efesios 2:1).

4. Su muerte en la cruz es lo que nos libra de la ira venidera y de la condenación eterna (Juan 5:24; Romanos 8:1).

5.   Finalmente, nos sacó de las tinieblas del reino del enemigo y nos trasladó a su glorioso reino de luz (1.ª Pedro 2:9, 10).

En resumen.

La restauración del hombre la opera el Espíritu Santo aplicándole los méritos y virtudes de la obra completa de Jesucristo. Dios espera que dicha obra de gracia y amor sea aceptada por la fe para que el individuo pueda experimentar un cambio completo en su vida al ser renovada en él, "la imagen del que lo crió" (Colosenses 3:10) y llegar a ser una nueva criatura. Un hijo de Dios en vez de hijo del diablo. Un ciudadano de la Patria Celestial en vez de un rebelde en las huestes del enemigo, y un heredero de Dios y coheredero con Cristo; y mientras permanece en este mundo, un miembro de la iglesia militante.

4

La iglesia

El término "iglesia" ocurre más de cien veces en el N.T. La palabra traducida de este modo, quiere decir congregación o asamblea. Al aplicársele a los seguidores de Cristo, designa o una congregación particular de los santos, o el conjunto de los redimidos desde Pentecostés hasta la primera resurrección. En varios pasajes se usa en el último sentido, como por ejemplo en Efesios 5:25-27.

I. ES UNA ASAMBLEA LOCAL REUNIDA PARA FINES RELIGIOSOS

1. En muchos casos la palabra "iglesia" se usa en las Escrituras para denotar una asamblea local reunida para propósitos religiosos. En este sentido leemos acerca de "La Iglesia de Jerusalén", "La Iglesia de los tesalonicenses", "La Iglesia de Efeso", "La Iglesia de Esmirna".

2. No debemos suponer que se requiere un gran número de personas para constituir una iglesia. San Pablo se refiere a Aquila y Priscila y a la "iglesia que está en su casa" (1.ª Corintios 16:19; Colosenses 4:15). Una congregación de santos, organizada conforme al NT, sea esa congregación grande o pequeña, ésa es una iglesia.

II. LA IGLESIA LOCAL Y VISIBLE SEGUN EL NUEVO TESTAMENTO

1. La iglesia local es un cuerpo de profesantes y creyentes (Romanos 12:5), bautizados de acuerdo a su espontánea y sincera confesión de fe en Cristo y asociados en el triple propósito de adoración, trabajo y disciplina

2. La iglesia local es un cuerpo de creyentes voluntariamente unidos por las doctrinas de Cristo, con el propósito de observar las ordenanzas de Cristo.

3. La iglesia local es un cuerpo de creyentes separados del mundo pero que permanecen unidos y se reúnen a horas fijas en el templo para meditar en las doctrinas de los apóstoles y cultivar la comunión los unos con los otros (Hechos 2:42, 47).

III. REQUISITOS PARA INTEGRAR LA IGLESIA

1. Dada por correcta la anterior definición del término "iglesia", es evidente que para ser miembro de ella han de llenarse importantes requisitos, los cuales pueden dividirse en MORALES y CEREMONIALES. Los requisitos MORALES están comprendidos en la regeneración y sus acompañantes el arrepentimiento y la fe.

2. Es evidente que los propósitos de la organización eclesiástica sólo pueden llevarse a efecto por personas regeneradas. Los que llegan a ser miembros de la iglesia, primero deben haber tenido arrepentimiento ante Dios y fe en el Señor Jesucristo. (Hechos 20:21).

3. El bautismo es el requisito CEREMONIAL para ser miembro de la iglesia, porque según las Escrituras no puede haber iglesia visible sin el bautismo (Hechos

2:41). La observancia de este mandamiento es, de parte del creyente, el primer acto público de obediencia a Cristo; la regeneración, el arrepentimiento y la fe, son asuntos privados entre Dios y el alma; comprenden una piedad interna, pero esta piedad debe tener una manifestación externa, la cual se hace en el bautismo. El creyente arrepentido y regenerado, es bautizado en el nombre del Padre, del Hijo y del Espíritu Santo.

5
El bautismo

Como se ha dicho anteriormente, una iglesia es una congregación de discípulos de Cristo que han sido bautizados. En relación a esto, deben considerarse dos importantes cuestiones: ¿Qué es el bautismo? y, ¿quiénes han de bautizarse? En otras palabras: ¿Qué es el acto del bautismo y quiénes están sujetos a la ordenanza?

I. ¿QUE ES EL BAUTISMO?

1. *El acto del bautismo.* — Es la inmersión en agua de un creyente en Cristo Jesús, en el nombre del Padre, del Hijo, y del Espíritu Santo, y es el rito inicial para la admisión a la iglesia cristiana visible.

El Nuevo Testamento enseña que el bautismo es una confesión voluntaria de la fe y regeneración que existen ya en el corazón. El bautismo no tiene que ver nada, ni directa ni indirectamente, como ordenanza, con la salvación. No es un acto en el cual el alma se regenera. Viene después y no antes ni durante la experiencia de la regeneración.

El acto del bautismo es uno de los modos divinamente establecidos de confesar nuestra fe en Jesucristo; hacerlo más que esto es pervertirlo y hacer mal a las almas de aquellos que son llevados así a confiar en una ordenanza más bien que en la fe y gracia rege-neradoras (Gálatas 3:27; 1.ª Pedro 3:21).

2. *El significado o simbolismo del bautismo sólo se explica por la inmersión.* — Los léxicos griegos dan como primaria y común significación de la palabra bautizar: inmergir, meter en agua, zambullir. Además, es propio decir que, siendo griegas las palabras baptizo y baptisma, en las versiones comunes no se han tradu-cido sino sólo castellanizado. Las figuras que la Biblia usa nos dan el significado que discutimos:

a) Simboliza muerte al pecado, sepultura y nueva vida (Romanos 6:1-4).
b) Simboliza lavamiento en la sangre (Hechos 3: 19; 22:16).
c) Simboliza resurrección a nueva vida (Romanos 6:5, 8, 9; Colosenses 2:12).

3. *Además el bautismo es una confesión.*

a) De pecados	Mateo	3:6
b) De nuevos propósitos	Romanos	6:11
c) De fe en la Palabra	Hechos	2:41
d) De unión con Cristo	Gálatas	3:27
e) De buena conciencia	1.ª Pedro	3:21
f) De lealtad a Cristo	Mateo	28:20

II. LOS SUJETOS A LA ORDENANZA

1. El Nuevo Testamento nos enseña, según la comisión dada por el Señor (Mateo 28:18-20), que al bautismo precede el requisito de haber doctrinado pri-mero, o, en otras palabras, haber hecho discípulos; son pues los discípulos los que deben ser bautizados.

2. Marcos establece la prioridad de la fe sobre el bautismo (Marcos 16:15, 16). Lucas relaciona el arre-

pentimiento y la remisión de pecados con la comisión de Cristo y los ve como requisitos previos al bautismo.

Son pues los creyentes los sujetos al bautismo, y es un deber claro, definido, ineludible y fijado para cada persona que se convierte (Hechos 2:38; 22:16).

3. Ninguna ceremonia equivocada llevada a efecto por nuestros padres en nuestra infancia, puede excusar al alma de obedecer. Tampoco debe ser menospreciado porque no es esencial para la salvación; porque muchas cosas que no son esenciales para la regeneración son esenciales para la obediencia y el cultivo de la vida cristiana, y el bautismo es una de ellas.

4. El deber del bautismo precede a la participación como miembro de la iglesia. Debe ser requerido de todos los que se unen a nosotros y venir antes del ejercicio de cualesquiera de los privilegios de miembros de la iglesia. Una prueba de esto la encontramos en Hechos 2:41, 42.

El bautismo no salva a nadie, pero es el deber de todo creyente bautizarse conforme a lo mandado por nuestro Señor Jesucristo (Juan 14:15).

6
La Cena del Señor

Lo referente a la institución de la Cena del Señor se encuentra en Mateo 26:26-29; Marcos 14:22-26; Lucas 22:14-20; y 1.ª Corintios 11:23-26. Otros pasajes que se refieren a la observancia de esta ordenanza por los cristianos primitivos son Hechos 2:42; 20:7; 1.ª Corintios 10:16, 17; 11:17-34. Deben ser leídos y, si es posible, coleccionados en una forma conveniente para referencia.

I. LA CENA DEL SEÑOR ES CONMEMORATIVA

1. Descubriremos, desde luego, por estos pasajes, que la Cena del Señor es un acto conmemorativo de la crucifixión y la muerte de Jesús, por las cuales tenemos la remisión de nuestros pecados. El pan representa el cuerpo de Jesús, el vino su sangre.

2. Cuando participamos de estos símbolos recordamos al Salvador que murió por nosotros y quien ha de volver por nosotros. Si en alguna ocasión la tragedia del Calvario debiera absorber los pensamientos del cristiano, hasta llegar al punto de excluir otro asunto, es cuando se acerca a la mesa del Señor. La muerte del Señor debiera, entonces, ocupar todos los pensamientos, y monopolizar todo el poder de la memoria.

II. SU CONMEMORACION NOS RECUERDA TRES HECHOS

Tres son los hechos que debemos notar en la Santa Cena como la solemne conmemoración de la muerte expiatoria de Cristo en nuestro favor:

1. La consumación de nuestra eterna redención por la muerte sustitutiva de Nuestro Señor Jesucristo (Hebreos 9:12).

2. La confirmación del nuevo pacto que, a semejanza del pacto hecho con Israel, declara nuestra libertad de la esclavitud del pecado y nuestra adopción de hijos de Dios (2.ª Corintios 3:6; Hebreos 9:15-17; 10:16-18).

3. La comunión de los unos con los otros y de todos con Cristo (1.ª Corintios 10:16).

III. LA CENA DEL SEÑOR ES UNA ORDENANZA ECLESIASTICA

1. Al llegar a este punto bien podemos preguntar ¿POR QUIENES DEBE OBSERVARSE LA CENA DEL SEÑOR? La contestación será: Por los miembros de la iglesia visible de Cristo. Esto quiere decir la Cena es una ordenanza eclesiástica, y como nadie puede ser miembro de la iglesia visible sin el bautismo, se sigue que el bautismo es un prerrequisito para la participación en la Cena del Señor (Hechos 2:41). Los primeros hombres que actuaron bajo la comisión de Cristo, entendieron que establecían el bautismo antes de la Cena del Señor, y nos dejaron un ejemplo instructivo que no podemos menospreciar (Hechos 2:38; 2:42; 8:38; 10:47; 16:33).

2. Cada iglesia visible de Cristo debe considerarse como un sagrado recinto al que no puede penetrarse sino por una entrada (el bautismo). En ese recinto está colocada una mesa (la Cena del Señor). El Señor de la mesa ha determinado las condiciones para entrar a ese recinto; los que han cumplido con ellas y han entrado son los guardianes de la mesa, y tienen que vigilar que a dicha mesa se llegue sólo por la entrada que el Señor del recinto ha especificado.

Ningún cristiano bautizado y miembro de la iglesia debe faltar a este servicio. El que falta demuestra que no está bien delante de su Señor.

7

Los miembros
de la iglesia

El cristiano llega a ser miembro de la iglesia por medio del bautismo, como hemos explicado antes. Todo aquel que en realidad ha sido convertido no dejará pasar la oportunidad de unirse a la iglesia y ser contado como miembro. Esto desde luego hace al individuo acreedor a sus privilegios, aunque también le echa a cuestas sus obligaciones; pero su fe en Cristo Jesús le unirá siempre con el pueblo de Dios.

Por lo antedicho llegamos a la conclusión de que no todos los que asisten a los servicios de la iglesia son miembros, sino aquellos que han llenado los requisitos para serlo.

Hay algunas otras formas para ingresar como miembro de la iglesia pero siempre están supeditadas al bautismo, pues según el Nuevo Testamento no existe iglesia visible sin éste. Conviene, pues, para mayor instrucción de los miembros, estar enterados de ellas.

I. COMO SE LLEGA A SER MIEMBRO

1. *Por el bautismo.* — Vamos a recalcar; después de que la persona ha recibido la Palabra y ha aceptado al Señor como su Salvador, previo arrepentimiento y fe,

es bautizada en el nombre de la Trinidad y, desde luego, aceptada como miembro de la iglesia (Hechos 2:41).

2. *Por certificado.* — Algunas veces los miembros de una iglesia, por las circunstancias de la vida, tienen que trasladar su residencia a otra ciudad, pueblo o barrio distante dentro de una misma ciudad, y esto les obliga a hacerse miembros de la iglesia más cercana del mismo orden y fe. En este caso deben solicitar, a la iglesia de donde eran miembros, un certificado de traslado y presentarlo en la iglesia donde desean ser admitidos.

No se da carta de traslado para una iglesia con la cual no estamos en comunión ni a un miembro que esté bajo disciplina.

3. *Por experiencia.* — Se puede dar el caso de una persona que no haya estado asociada con ninguna iglesia pero que no obstante ha sido bautizada; la tal persona, después de presentar su experiencia de conversión ante la iglesia, puede ser admitida por el consenso unánime de los hermanos.

4. *Por restauración.* — Cuando por causa de pecado un miembro ha sido separado de la comunidad (1.ª Corintios 5:4, 5), al dar muestras de verdadero arrepentimineto y a juicio de la iglesia puede ser restaurado (2.ª Corintios 2:6-8).

II. COMO SE CONSERVA Y SE PIERDE EL PRIVILEGIO DE SER MIEMBRO

1. *Se conserva.* — a) Por servir y defender a la iglesia. b) Obedeciendo sus bases fundamentales, respetando su autoridad y observando sus reglamentos. c) Contribuyendo de la manera que lo tenga establecido para su sostenimiento y gastos.

2. *Se pierde.* — a) Por alejamiento de la iglesia sin que el miembro indique dónde va ni busque medio de comunicarse con ella. b) Por unirse a grupos contrarios a la fe y orden, especialmente con aquellos que se declaran adversarios. c) Por caer en pecado visible y escandaloso que comprometa la dignidad de la iglesia.

III. POR QUE DEBEMOS SER MIEMBROS

1. Porque Jesús lo ha ordenado para nosotros (Juan 17:21, 22). En lo que respecta a la obediencia es muy claro nuestro deber de unirnos a una iglesia en donde Cristo es servido y la verdad mantenida (Hechos 2:41).

2. Para que seamos contados entre los seguidores de Cristo. Los que aman a Cristo desearán que la influencia de ellos tenga significado en la causa de él.

3. Para tener parte en la gran misión que anima a la iglesia. Podemos hacer un poco por nosotros mismos para estos fines, pero no tanto; nuestros talentos que trabajan por medio de la iglesia serán multiplicados.

4. Por nuestras mismas necesidades. Necesitamos consuelo, instrucción, compañerismo. Necesitamos la comunión de nuestros hermanos. Ningún hombre es suficiente para sí mismo en estas cosas; y en la comunión de los santos de la tierra, encontraremos mucho de lo que necesitamos. Todas estas cosas entran en nuestra primera decisión de unirnos con el pueblo de Dios, pero deben, de igual modo, hacernos evaluar el ser miembros cuando se ha entrado en ella.

8
El individuo y la iglesia

¿Pero qué debe hacer cada individuo por la iglesia? Esta es la cuestión ahora. Debe quedar entendido que, dé la iglesia o no dé todo lo que debe al individuo, éste está bajo la obligación de cumplir su deber en la causa de Cristo que la iglesia representa.

1. *El deber de lealtad* (Hebreos 10:25). — Habiéndose unido a un ejército, el individuo debe ser fiel a él. Ser miembro de la iglesia es un asunto voluntario y por lo tanto implica una lealtad asumida por la misma persona. No hemos de "dejar nuestra congregación" (Hebreos 10:25), ni permitir que la obra de la iglesia sufra por la falta de obreros. No debemos impulsarnos a nosotros mismos por un camino indebido ni permitir que otros hagan nuestro trabajo. Hemos asumido una responsabilidad personal para participar en la obra de la iglesia y profesar lealtad a nuestro Maestro, lo que viene a ser una tarea impuesta a nosotros por nosotros mismos. No es cuestión de amor al pastor o de interés en él, ni es cuestión de cómo somos tratados por otros. Es cuestión de lealtad a nuestro Señor.

2. *El deber de la comunión* (1.ª Juan 1:7). — Es nuestro deber hacer posible la comunión cristiana más plena y libre. Mantenernos lejos y luego quejarnos, es

una triste equivocación. Si no nos manifestamos amigables, no podemos esperar obtener los beneficios de cada comunión cordial. Tenemos tanto el deber de aceptar y buscar amistad como de recibirla. Un miembro de una iglesia tiene el deber de mantener la comunión de la iglesia y manifestar amor fraternal a los extraños que vengan a ella.

3. *El deber de una vida consagrada* (Romanos 6:1, 2, 12). — Cada miembro lleva consigo hasta cierto punto, el honor de la iglesia. La iglesia será juzgada por su vida. Lo que es más, aun la vida espiritual de su iglesia será afectada por la vida suya. Si no podemos hacer nada más por nuestra iglesia, podemos hacer esto. No tendremos excusa por nuestra insignificancia, porque la vida más humilde tiene su valor. Una vida impura o infiel de parte de cualquier miembro, no es solamente un pecado, sino un golpe a la iglesia dè donde el tal es miembro. Veamos un ejemplo en Josué 7:10, 11. Acán pecó y todo el pueblo sufrió la derrota. Es lo menos que podemos hacer por nuestro Maestro, y en otro sentido, sin embargo, es la cosa más grande para el triunfo de su causa.

4. *El deber de orar* (Efesios 6:18; Filipenses 4:6). —Todos podemos orar. Quizá sólo unos pocos pueden hablar o son entendidos en la dirección de los asuntos, pero todos podemos contribuir a la comunión, aportar una vida pura y orar por el pueblo de Dios. Si todos los miembros de la iglesia oran por el bienestar de ella con regularidad y anhelo, tendremos muchas grandes cosas que de otra manera faltarían.

5. *El deber del servicio* (Marcos 10:42-45; Lucas 17:10). — No es suficiente amar, dar, vivir y orar. Debemos trabajar también; debemos anhelar un lugar en el ejército del Señor. Solos podremos hacer muy poco; en una iglesia nuestro poco puede ayudar para hacer mucho. Estamos obligados al servicio. Debe-

mos hacer nuestra parte solos también. Algo del tiempo y de las habilidades que poseemos deben darse sin embrollo a la causa de Cristo por medio de la iglesia.

6. *El deber de asistir a los servicios* (Salmo 100:4). — Todas las iglesias para llenar mejor su cometido de adoración, instrucción y trabajo, se reúnen en lugar y hora determinados. Todos debemos, como miembros, asistir a dichas reuniones. Tanto a los servicios ordinarios de la semana, como a los extraordinarios de Santa Cena y reunión de negocios que se celebran periódicamente. Es un deber impuesto por Dios (1.ª Pedro 2:9, 10). Un consejo dado por el apóstol (Hebreos 10:25). Y debe ser la delicia del creyente (Salmo 22:22, 23 y 84:1, 2, 10).

La iglesia es para el individuo un lugar de ayuda y servicio. En ninguna otra parte podemos encontrar una comunión tan desinteresada en todo lo que es mejor y más puro. Necesitamos sus ideales, su culto y sus altas demandas sobre nuestra alma. Pocos de nosotros hay suficientemente capaces, o suficientemente enérgicos para trabajar solos, y aunque pudiéramos, nuestra obra dependería de nuestra propia salud, de la longevidad de nuestra vida, o de lo estable de nuestra buena fortuna. Nuestro poco dinero debe unirse al de otros; nuestra poca habilidad, nuestro tiempo limitado, nuestra pequeña energía deben encontrar comunión para hacerse efectivos. Cuando nosotros fallemos, otros no fallarán y la obra proseguirá. La iglesia es una gran oportunidad para el hombre de corazón sincero que desea servir al Señor y ayudar en su obra.

9

El deber de cumplir las obligaciones financieras

Es un deber del cristiano compartir las obligaciones financieras de la obra del Señor. El Nuevo Testamento contiene amplias garantías para la doctrina de las ofrendas cristianas. "Dios ama al dador alegre." El que siembra en bendiciones también segará (2.ª Corintios 9:6, 7). Cada creyente debe dar para el mantenimiento de la iglesia y de su obra. La ley judía del diezmo puede figurar en proporción mínima, pero la ley cristiana es que nuestra obligación es tan grande como la necesidad a la cual hay que hacer frente y nuestra habilidad para satisfacerla.

I. ES EL DEBER DE CADA CRISTIANO

1. Hay sobre cada uno de nosotros una obligación clara de dar para el sostenimiento de la obra de la iglesia, aunque lo que demos sea poco. Lo que otros hacen no es una excusa para nosotros; nuestra obligación es personal y está determinada por nuestra relación con Dios y nuestros semejantes.

2. Muchos y variados son los métodos que han usado las iglesias de Cristo en su esfuerzo para obtener

35

los recursos para la propagación del mensaje de salvación al mundo necesitado. Y aun a veces han recurrido a métodos mundanales porque muchos de sus miembros no comprenden su deber de colaborar, no sólo con su presencia y ayuda moral, sino también en el sentido financiero.

3. Cada miembro tiene la solemne obligación de contribuir para el sostén de la obra de Dios, como queda claramente enseñado en las Sagradas Escrituras. El Apóstol Pablo enseña en muchas de sus epístolas el deber que incumbe a los miembros de contribuir generosa y sistemáticamente para el sostén y avance de la obra de Dios (1.ª Corintios 16:1, 2).

II. HAY UN METODO DIVINO DE HACERLO

El método básico divino para el sostén de la obra de Dios es el DIEZMO. Entre las ventajas que reporta este método podemos enumerar las siguientes:

1. Es bíblico, aprobado por Dios en el Antiguo Testamento (Levítico 27:30) y apoyado por las palabras de Cristo en el Nuevo Testamento (Mateo 23:23).

2. Es práctico, si es definido, progresista y sistemático (1.ª Corintios 16:2).

3. Destierra el egoísmo y la avaricia del corazón (2.ª Corintios 8:2-5).

4. Libra a la iglesia de tener que hacer frente a las deudas (Malaquías 3:10; 2.ª Corintios 9:6).

5. Establece al dador como un mayordomo responsable ante Dios (Génesis 28:22).

6. Eleva la contribución a la altura de un principio, en vez de una expresión espasmódica o involuntaria (2.ª Corintios 9:7, 8).

7. Siendo parte del culto de adoración a Dios, denuncia la sinceridad personal. (Mateo 22:21).

III. NINGUNA OBJECION NOS LIBRA DE ESTE DEBER

1. Hay personas que se oponen al diezmo diciendo que ésta es cuestión de la ley, y nosotros estamos bajo la gracia. Pero en contestación diré que "a cualquiera que fue dado mucho, mucho será vuelto a demandar de él" (Lucas 12:48), y si el judío con su mediana luz tenía responsabilidad de dar su DIEZMO para el sostén de la obra de Dios, ¿cuánto más no tendrá que dar el hijo de Dios de hoy día con las inmensas bendiciones que tiene (Efesios 1:3) y la mayor luz que ha recibido? Porque lleva una gran ventaja sobre el judío pues tiene todo el Nuevo Testamento en sus manos, y el Espíritu Santo para guiarle.

2. Cuando el cristiano de hoy da el DIEZMO, sólo devuelve a Dios lo que le pertenece y aún no ha dado de sí mismo.

¿Cuánto ha dado usted este mes al Señor, hermano? ¿No quisiera dar su DIEZMO a la obra? O dirá usted que el ladrón moribundo nunca contribuyó a la obra y, sin embargo, fue al Paraíso. Sí, pero hay diferencia entre él y usted. El era un ladrón moribundo y usted sería en tal caso un ladrón vivo.

¿Robará el hombre a Dios? Pues vosotros me habéis robado. Y dijisteis: ¿En qué te hemos robado? EN LOS DIEZMOS Y LAS PRIMICIAS (Malaquías 3:8).

Salgamos de esa compañía y coloquémonos entre aquellos que honran a Dios con sus bienes (Proverbios 3:9), y la obra podrá avanzar a las regiones que aún carecen de la luz del evangelio.

10

Cómo obtener buen éxito en la vida cristiana (1)

"Desead, como niños recién nacidos, la leche espiritual no adulterada, para que por ella crezcáis para salvación" (1.ª Pedro 2:2).

Acabáis de entregaros al Señor, y creéis que él os ha recibido. Habéis recibido la nueva vida de Dios; sois como niños recién nacidos y él os quiere enseñar lo que es necesario a fin de que crezcáis y seáis fuertes.

1. *En primer lugar, sabed que ya sois hijos de Dios.* — Escuchad lo que Pedro dice a los nuevos creyentes: "Habéis renacido"; "sois recién nacidos"; "sois pueblo de Dios". "Habéis vuelto al pastor y obispo de vuestras almas" (1.ª Pedro 2:10, 25). Un cristiano, por joven o débil que sea, debe entender que ya es hijo de Dios. Toda escritura nos enseña que debemos y podemos saber que somos hijos de Dios (Romanos 8: 16; Gálatas 4:6, 7; 1.ª Juan 3:2, 14, 24; 4:13; 5: 10, 13).

2. *En segundo lugar, sabed que todavía sois muy débiles.* — Tan débiles como niños recién nacidos. A menudo el amor y el gozo que el nuevo creyente siente en su corazón le hace pensar que es muy fuerte; pero no es así, hay que reconocer que sois débiles y jóvenes en

la fe (1.ª Corintios 3:1, 2; Hebreos 5:13, 14). Por sí solos nada podéis.

3. *En tercer lugar, no debéis quedaros débiles.* — Debéis crecer en gracia, debéis haceros fuertes y progresar. Es un mandato del Señor que sigamos adelante. Un hijo de Dios debe y puede adelantar. La nueva vida es una vida fuerte y sana (Proverbios 4:18; Efesios 4:14, 15; 1.ª Tesalonicenses 4:1).

4. *En cuarto lugar, por medio de la leche espiritual de la Palabra de Dios podéis crecer* — La nueva vida en el espíritu tan sólo puede ser sustentada por la palabra que sale de la boca de Dios.

Fijaos en la parábola encantadora que el Señor nos da, en relación con la leche de la madre. De su propia vida, la madre da alimento y vida a su hijo. Y la leche es lo que el niño débil necesita. Así también en la Palabra de Dios hay la misma vida y la potencia de Dios (Juan 6:63; 1.ª Tesalonicenses 2:13; Hebreos 4:12). Que la Palabra de Dios, por encima de todo, sea la cosa más preciosa para nuestra vida.

5. *En quinto lugar, desead la leche, para que por ella crezcáis.* — Además de desearla, hay que atesorarla en el corazón (Deuteronomio 11:18; Salmo 119:11; Ezequiel 3:10). La Palabra es una semilla; y así como hay que meter la semilla en la tierra, así también, hay que dejar que la Palabra de Cristo habite en vosotros (Colosenses 3:16).

11

Cómo obtener buen éxito en la vida cristiana (2)

Dos clases de personas empiezan la vida cristiana: aquéllas que encuentran el fracaso parcial o completo en ella, y las que consiguen el éxito. La Palabra de Dios nos da ciertas instrucciones sencillas para que obtengamos buen éxito. Hay siete pasos en el sendero del creyente, señalados en la Biblia.

1. *Buen comienzo.* — Lo que es buen comienzo lo podemos ver en Juan 1:12. Si usted no tiene la experiencia personal de haber recibido a Cristo y el poder de ser hecho hijo de Dios, no puede tener éxito.

El buen comienzo implica a lo menos tres pasos:

a) Haber recibido a Cristo como personal y suficiente Salvador, habiendo entendido y experimentado que nuestra salvación depende de él, sin el concurso de ninguna obra nuestra.

b) Implica reconocerle como Libertador único, capaz de libertarnos de cualquier forma de pecado o dominio de Satanás (Juan 8:36).

c) Reconocerle como Maestro, seguir sus enseñanzas y dejarle guiar nuestra vida, lo que envuelve obediencia a su voluntad.

2. *Confesar a Cristo abiertamente delante de los hombres* (Mateo 10:32; Romanos 10:9, 10). — La vida de confesión es la vida de plena salvación; no quiere decir tan sólo que hemos de confesarle una vez; hay que hacerlo en el hogar, en el taller, en la iglesia, en todas partes.

3. *Estudiar la Palabra de Dios* (1.ª Pedro 2:2). La Palabra de Dios es alimento que fortalece y da vigor al alma, y que hace crecer nuestra vida espiritual. Dos consejos en cuanto a la lectura bíblica: Primero, léala para sacar provecho para su alma. Segundo, es buena costumbre hacerlo con oración.

4. *"Orad sin cesar"* (1.ª Tesalonicenses 5:17). El que quiera conseguir buen éxito en la vida cristiana tendrá que orar mucho. Hágalo a ciertas horas señaladas (Daniel 6:10). Pida a Dios a lo menos tres cosas: Primera, sabiduría (Santiago 1:5). Segunda, fuerza. Tercera, la ayuda del Espíritu Santo (Lucas 11:13).

5. *Trabajar en la viña del Señor* (Mateo 25:14-30). — Esta parábola enseña la verdad de que el que emplea sus talentos ganará más, pero el que no los emplea perderá los que tiene. Si usted quiere crecer en la vida cristiana tiene que utilizar sus esfuerzos para el Maestro. Usted ha recibido la bendición de la salvación y tiene que dar esta bendición a otros y encargar a ellos que den el mismo mensaje a los demás. Cumpla, pues, con el último mandamiento de nuestro Señor Jesucristo (Mateo 28:19).

6. *Ser generoso* (Proverbios 11:25). — Uno que no contribuye para la obra no puede crecer espiritualmente. Es bueno hacer esto sistemáticamente; primero, aparte el DIEZMO Y LAS OFRENDAS para Dios y entonces busque su dirección para emplearlas: estimular la obra, presentar auxilio en los gastos de la iglesia, sostener a los obreros y ayudar a los pobres y enfermos, especialmente a los domésticos de la fe. No debe dejar de dar porque tenga muchos gastos; hacerlo demuestra falta de fe o falta de amor a Dios.

7. *Proseguir adelante* (Filipenses 3:13, 14). Olvide los pecados cometidos en el pasado, y si alguna vez comete pecado, confiéselo en seguida (1.ª Juan 1:9) y crea que tal pecado ha sido perdonado. Olvídese de las victorias que ha ganado, tiene que ganar nuevas (Efesios 4:13).

El camino del buen éxito está claro. ¡Sígalo!

12

La confesión de pecado

La única cosa que Dios aborrece, que le entristece, y que él destruirá es el pecado. La única cosa que hace infeliz al hombre es el pecado (Génesis 6:5, 6; Isaías 43:24; Apocalipsis 6:16, 17). Jesús tuvo que derramar su sangre por el pecado, es decir, a causa del pecado. Es por el pecado que el hombre no puede gozar de la comunión con Dios (Isaías 59:2).

Al recibir a Jesús como Salvador, hasta cierto punto usted pudo comprender esto. Pero hay que aprender esta lección más profundamente. A diario hay que traer el pecado a Dios quien es el único que lo puede quitar (Romanos 12:1). Uno de los privilegios más grandes del hijo de Dios es la confesión de pecado (1.ª Juan 1:9).

La tendencia innata del creyente es encubrir sus pecados, o quitarlos solamente cuando se acerca a Dios. Querido cristiano, si quiere gozar de la felicidad de un perdón completo, hay que entender este punto.

1. *En primer lugar, que la confesión sea definida* (Salmo 51). — La confesión general de pecado hace más daño que bien. Es preferible decir a Dios que usted nada tiene que confesar, que confesar quién sabe qué. Empiece, hermano, con un solo pecado; examínese en

cuanto a él, reconozca su culpabilidad, confiéselo y asegure la armonía con Dios (Números 12:11; 2.ª Samuel 24:10, 17; Isaías 59:12-14; Lucas 23:41, Hechos 19:18, 19; Timoteo 1:13, 15).

2. *Que la confesión sea honrada* (Levítico 26:40, 41: Proverbios 28:13; Jeremías 31:18, 19). Al confesar el pecado, que sea con el propósito de no volverlo a cometer. La confesión implica renunciación. Confesar el pecado a Dios es para que lo perdone y limpie. Si realmente no quiere ser librado del pecado, es preferible que no haga ninguna confesión.

3. *Que la confesión sea confiada, dependiendo de Dios para el perdón.* — Si en realidad ha confesado el pecado, esté seguro de que él le ha perdonado (Salmo 32:5). Su promesa es infalible, y la fe en ella es la victoria que vence al mundo y al pecado.

No olvide entonces estas enseñanzas. ¿Qué tiene que hacer con todo pecado? Traerlo en confesión a Dios: que solamente él quita el pecado (1.ª Juan 1:9).

13

El culto familiar

"Derrama tu enojo sobre las gentes que no te conocen, y sobre las familias que no invocan tu nombre...", Jeremías 10:25 (versión inglesa).

La familia es la institución más antigua en el mundo, la única que ha existido sin cesación desde la creación del hombre hasta el momento actual. La sociedad, y toda clase de sociedades; la iglesia, y el estado, son de origen reciente; todas ellas se han desarrollado de la familia. La idea de la familia está en la fundación de la sociedad y del gobierno; es una piedra de ángulo. Destrúyase la familia y se habrá destruido la sociedad. La sociedad es un conglomerado de personas, y el estado una agrupación de familias. Quiero hacer hincapié en el hecho de que toda familia, como tal, debe invocar el nombre del Señor. En toda casa debe haber un altar familiar por las siguientes razones:

I. LA BIBLIA LO ENSEÑA

1. No cabe duda en cuanto al significado de nuestro texto: orar es invocar el nombre de Dios. La oración, naturalmente, se expresa en palabras, pero también puede hacerse sin ellas. Si se hace con palabras,

éstas deben ser la expresión de los deseos sinceros del corazón.

La oración familiar es invocar el nombre del Señor como familia. Cada miembro debe invocarlo individualmente, pero esto no debe anular la invocación conjunta; la invocación familiar. Hacerlo es exponerse al furor del Señor.

2. Antiguamente el padre como la cabeza de familia era el sacerdote de la misma y la representaba delante del Señor (Job 1:5). El jefe de la familia es el ministro de la casa. Varias veces se halla en las Epístolas la expresión: "La iglesia que está en tu casa." Cada familia debe ser una pequeña iglesia, y el jefe de la familia debe ser la cabeza de esta pequeña iglesia. Cuando Dios dio su ley a los israelitas, les aconsejó enseñarla a sus hijos (Deuteronomio 6:6-9). La lectura de la Palabra de Dios en el culto familiar está señalada para llenar estos requisitos, de la misma manera que la oración; así que una porción de la Palabra debe leerse diariamente.

II. LA COSTUMBRE DE LAS IGLESIAS CRISTIANAS Y LAS FAMILIAS CRISTIANAS ES OTRA RAZON PARA EL ALTAR FAMILIAR

1. Muchas de las iglesias evangélicas incluyen en sus artículos de fe, uno que establece el culto familiar como un deber, y éste, como regla general, se observa fielmente en las familias cristianas.

2. Muchos lo tienen en poco, pero su vida espiritual es débil; por lo tanto, hacemos bien en seguir el ejemplo de cristianos devotos de todas las épocas en cuanto ese ejemplo concuerda con las enseñanzas de la Biblia.

III. POR LAS NECESIDADES DE LA MISMA FAMILIA

1. La familia es una unidad. Y como tal, tiene sus necesidades, sus pruebas, sus tentaciones, y también sus motivos para el agradecimiento. Cada familia debe presentarse al Señor por las cosas indicadas.

2. El altar familiar ejerce una buena influencia sobre los miembros de la familia. Las palabras de Josué (24:15) deben ser la expresión sincera de nuestros corazones.

14

Cómo dirigir
el culto familiar

"Yo y mi casa serviremos a Jehová" (Josué 24:15). Estas palabras las dijo Josué a las tribus congregadas en Siquem. Costara lo que costara él estaba listo para servir a Dios. Aún más, habló por sí mismo y por otros. Prometió que su familia, los miembros de su casa, servirían a Dios; naturalmente, era su deber prometer esto.

Josué se comprometió al culto familiar. Al ofrecerle a Dios el servicio de toda la familia, esto implicaba algunas formas externas de culto. En el capítulo anterior vimos las razones porqué debiera haber lo que puede llamarse un altar familiar en cada casa; y ahora vamos a ver cómo puede dirigirse el culto familiar. Veamos, pues, la forma en que una familia puede rendir su adoración al Señor.

El culto familiar no es completo sin la lectura de la Biblia, la oración, y, si fuera posible, el canto; pero si por algún motivo no pueden hacerse estas cosas, no hay razón porqué no se puedan tener algunas de ellas. El objeto del culto familiar debe guiarnos en determinar la manera de dirigirlo. El objeto es adorar al Señor, alabarle, darle gracias por sus misericordias, suplicar sus favores, leer su palabra, hablar de su bondad, y por estos medios crear una atmósfera religiosa y espiritual en la casa.

1. *La hora del culto familiar.* — David dice:"Tarde y mañana y a mediodía oraré y clamaré"(Salmo 55:17). Quizá se refiere a la oración secreta, pero lo que se aplica a la otra. La hora más apropiada para el culto familiar es la mañana y por la noche; antes o después del desayuno, y después de la comida o antes de acostarse. Si solamente se celebra el culto una vez al día, la mañana es el mejor tiempo.

2. *La lectura bíblica debe ser parte del culto familiar.* — Dios manda enseñar su Palabra a los niños. La mejor manera de hacerlo es leer en voz alta porciones de la Biblia cada día y hacer algún comentario acerca de ellas. Todos los que pertenecen a la familia y saben leer deben tomar parte en la lectura.

3. *Una parte esencial en el culto familiar es la oración.* — Es por medio de la oración que nos dirigimos directamente al Señor. Al orar, deberíamos agradecerle las bendiciones que ya hemos recibido, antes de pedir más. En todas las cosas que se relacionen con la oración, el dar gracias, la confesión, la súplica, etc., nuestra presentación debe ser específica. Se deben mencionar cosas particulares y evitar que las oraciones sean mecánicas. Que la oración sea la verdadera expresión de las necesidades de la familia.

4. *El canto debe formar parte del culto de la familia.* — Así expresamos el gozo que hay en nuestro ser. Si no se puede cartar, a lo menos léase la estrofa de algún himno.

15
Deberes del esposo

"Por lo demás, cada uno de vosotros ame también a su mujer como a sí mismo" (Efesios 5:33).

Así como todos nuestros deberes para con Dios están resumidos en la palabra AMOR, los deberes del marido para con la esposa están resumidos en el mandato del texto de amar a esa esposa. La palabra "amor" tiene a lo menos dos significados. Puede significar: 1) La elección voluntaria del sumo bien y la felicidad de otros, y 2) Un afecto, en particular como existe entre los sexos.

1. *El marido debe amar a su esposa con amor profundo* (Efesios 5:25). — Algunos suponen que esta clase de amor no está bajo el control de uno, sino que viene y se va como quiere. Conservar este amor es parte vital del voto matrimonial. Cuando un hombre escoge de todas las demás mujeres del mundo a una sola para que sea su compañera por toda la vida, solemnemente promete delante de Dios y de los hombres amarla con un amor profundo. Este amor debe ser tan genuino después de veinticinco o cincuenta años de casados como en el día de las bodas. Es bueno de vez en cuando decirle a la esposa que se la ama. Según el versículo arriba citado, el marido debe amar a su esposa como se ama a sí mismo, y como Cristo amó a la iglesia (Efe-

sios 5:28-33). Esto quiere decir abnegación. Quiere decir que provee para sus necesidades tan bien como para las suyas.

2. *Debe proveer para su sostenimiento* (Efesios 5:28, 29). — Entre los paganos la mujer tiene que hacer el trabajo duro, mientras que el hombre vive ocioso. El cristianismo no permite que la mujer viva ociosa, pero carga al hombre con la responsabilidad de proveer el sostenimiento de su familia. Naturalmente hay excepciones a esta regla y, cuando las hay, la verdadera esposa ayudará a su esposo en cuanto le sea posible (1.ª Timoteo 5:8).

El hombre no ha provisto para los suyos sencillamente cuando ha pagado el alquiler de la casa y las cuentas de los comestibles. Debe darle a la esposa de vez en cuando unos cuantos centavos para gastarlos como ella quiera y en las cosas que necesite. Algunos maridos, cuando sus esposas les piden algo de dinero, son semejantes al hombre que decía a su esposa, cuando ella, con vacilación, le pedía dinero para sus propias necesidades: "Me gustaría saber qué hiciste con los centavos que te di hace algunos meses."

3. *El marido debe ser leal a su esposa* (Mateo 19: 5, 6; Proverbios 5:18; Malaquías 2:15). — El hombre que no es leal a su esposa es culpable de un crimen contra sí mismo, contra su esposa, contra sus niños, contra la sociedad y contra Dios.

4. *El marido debe confiar en su esposa.* — Ella es ayuda idónea. No debe haber secretos morbosos entre los dos. Dígale cómo le va en el negocio, cuáles son sus planes. El marido y la esposa deben tener interés común en la vida. Es triste cuando el esposo y la esposa no confían el uno en el otro. Si no hay confianza mutua y amor mutuo, la unión de ellos, aunque legal, no es verdadera.

5. *Es deber del marido consolar a su esposa.* En muchas maneras ella le va a consolar a él, y el marido debe cuidar que las cargas y los sufrimientos de la vida de ella le sean más fáciles. Ana, la madre de Samuel, tenía un marido ideal en este sentido. Léase 1.ª Samuel 1:8. Si el marido no se fía de su esposa y no tiene simpatía para ella, las pruebas, padecimientos y aflicciones de su esposa serán más duras y más difíciles de llevar. Por simpatía y amor pueden sobrellevar las cargas el uno del otro.

6. *Es el deber del marido ayudar a la esposa en la instrucción moral y religiosa de la familia.* Muchos padres neutralizan las buenas influencias y enseñanzas de la madre, especialmente en cuanto a los muchachos se refiere. Como marido y padre, el esposo es el ministro y pastor del hogar.

7. *Observaciones para el marido.*

a) No critiques a tu esposa delante de otros.

b) Acuérdate del consejo bíblico. El esposo la alabará en las puertas; eso es, delante de otros.

c) Lleva sus cargas; aun así ella llevará más que tú.

d) Si quieres que ella se someta a tu juicio, no le pidas someterse a tu egoísmo.

e) La vida de una mujer se hace de cosas pequeñas. Por lo tanto, debes hacerla feliz por medio de cortesías.

f) El amor es el único sueldo que la esposa recibe. No escatimes su pago.

16

Deberes de la esposa

"Casadas, estad sujetas a vuestros maridos, como conviene en el Señor" (Colosenses 3:18).

Los deberes con toda clase de personas están resumidos en la palabra amor. Mucho de lo ya dicho con referencia a los deberes del marido se relaciona también con las esposas. Las esposas han de amar a sus maridos con amor profundo, les han de ser leales, han de consolarles en la aflicción, confiar en ellos, y ayudarles en la instrucción moral y religiosa de la familia.

1. *La esposa debe tener para el marido un amor reverencial.* — El mandato divino está en Efesios 5:22, 23. Al marido se le manda dar honor a la mujer como a vaso más frágil (1.ª Pedro 3:7); no que ella sea la más débil en todo sentido, pero especialmente en cuanto a la fuerza física se refiere. Ahora, si es el deber del marido amar y honrar a su esposa, es el deber correspondiente de ella amar y reverenciarle a él como el más fuerte, como cabeza de la familia. Ninguna mujer verdadera busca a un marido que no pueda reverenciar.

2. *La esposa debe obedecer a su marido* (1.ª Corintios 11:3; Efesios 5:22; Colosenses 3:18; Tito 2:4, 5; 1.ª Pedro 3:1). — La enseñanza de la Biblia es clara en cuanto a este punto se refiere. Quizás alguien

dirá: "Pablo carecía de sabiduría en hacer semejante cosa. No puedo aceptar su enseñanza." Que las hermanas recuerden que si rechazan la enseñanza bíblica en cuanto esto se refiere tendrán que rechazar lo que se relaciona con los deberes del marido.

3. *La esposa debe procurar que la casa de su marido sea tan alegre como pueda.* — El hogar de un hombre debe ser refugio, en el cual encuentra protección de las tempestades de la vida. En él debe encontrar el gozo terrenal más puro, el descanso terrenal más dulce. Le debe ser un pequeño cielo en la tierra. Vale la pena que la esposa haga el hogar tan cómodo y atractivo como le sea posible.

4. *La esposa debe participar de las pruebas del esposo, y ayudarle en el negocio.* — No cabe duda de que la simpatía que la esposa demuestre por los problemas del esposo, así como su participación en ellos, con sabiduría y prudencia, han de ser un aliciente que infundirá fuerza moral en él muchas veces ya rendido esposo. Es necesario que haya entre ambos confianza y comprensión recíprocas. El debe confiar en ella y viceversa.

5. *La esposa debe orar por el esposo.* — Es cosa bendita ver a la esposa y al esposo caminando juntos en el sendero que conduce a la vida eterna y no sólo en la senda de la vida ordinaria.

Las tentaciones del marido son más numerosas y más grandes que las de la esposa. Muchas veces su negocio le trae en contacto con hombres profanos, deshonestos, mundanos. Oye palabras que la esposa nunca escucha. Muchas veces es tentado de tal manera que solamente el pensamiento de una esposa amorosa le guarda sin caída. Deben, por tanto, las esposas orar mucho por los maridos.

17
Deberes de los padres

"Instruye al niño en su camino, y aun cuando fuere viejo no se apartará de él" (Proverbios 22:6).

Este texto presenta un principio importante en cuanto a los deberes de los padres se refiere.

La responsabilidad de traer a la existencia un ser es la más grande responsabilidad que los seres humanos pueden asumir. El que asume la responsabilidad de ser padre, pero deja de reconocer sus deberes para con su hijo, es digno de toda condenación.

1. *Los padres deben dar a sus hijos cuerpos sanos.* — La responsabilidad para esto empieza mucho antes que el niño nazca. Para hacer esto, los padres han de tener cuerpos sanos. El asunto de la influencia prenatal es de mucha importancia para los padres. Se podría escribir un libro sobre el deber de cuidar de la educación de sus niños. Es el deber del padre enseñar a sus hijos el mal efecto que los vicios secretos y otros ejercen sobre el cuerpo humano.

2. *Los padres deben dar a sus hijos una buena educación.* — No se puede ni se debe depender totalmente de los maestros para hacerlo. La mente de los

niños es una interrogación constante, y los padres no deben impacientarse con sus muchas preguntas sino más bien contestarlas con sabiduría.

Los padres deben poner a sus hijos a la escuela cuando tengan edad, ayudarles en sus estudios en todo lo que puedan; y, si les es posible, darles un curso de colegio.

Como parte de la educación, los padres deben hacer que sus hijos aprendan y practiquen los principios morales correctos, y que huyan de todas las costumbres malas.

3. *Los padres deben enseñar a sus hijos algunas cosas fundamentales acerca de Dios.* — Como su amante cuidado y su poder como nuestro Hacedor, Sustentador, y Protector (Mateo 6:25-34; 10:26-31). Su odio al pecado, su santidad, su omnipotencia, el don de su amado Hijo para nuestra redención, y también la necesidad de reverenciar su nombre, su día, su casa, su libro.

4. *Hay que enseñar a los niños a ser obedientes.* — Deben ser reprendidos y algunas veces castigados (Proverbios 13:24; 19:18; 22:15; 29:15, 17). Esto no quiere decir que hemos de ser crueles. Estos pasajes no justifican el castigo corporal cuando podemos lograr que aprendan su lección de otra manera.

5. *Los padres deben compadecerse de sus niños y enseñarles a confiar en ellos.* — Para gobernarles bien no es necesario que los padres sean siempre severos. Las dificultades de los niños les son tan grandes como son las de ustedes. Cuando haya necesidad de corregirles, que lo hagan con amor y no con enojo. Infúndales confianza en ustedes y sean pacientes con sus hijos.

6. *Los padres deben orar por sus hijos.* — Hay que pedirle a Dios que bendiga a los niños. El peligro de que se desvíen es grande, sus tentaciones son muchas. Oren por los niños por nombre. Oren por ellos tanto en secreto como en el culto familiar. Es bueno llevarlos siempre a la escuela dominical y a los servicios de la iglesia.

18
Deberes de los hijos

"Honra a tu padre y a tu madre, para que tus días se alarguen en la tierra que Jehová tu Dios te da" (Exodo 20:12).

Este es el primero y único mandamiento acompañado de una promesa. Si todos los hijos honraran a sus padres como debiesen, habría poca necesidad de otros mandamientos. El mandamiento es a hijos, pero esto no quiere decir simplemente niños pequeños. Quiere decir todos los hijos e hijas, sean de la edad de siete años o de setenta. La edad no quita el deber de honrar a sus padres.

1. *Los hijos deben respetar a sus padres.* — La religión de los chinos consiste en adorar a sus antecesores. Se dirigen a ellos en oración, y en su honor edifican templos. Por supuesto, esto no es correcto. Deben adorar al Dios verdadero. Pero los niños chinos siempre respetan a sus padres y nos dan un buen ejemplo en esto.

2. *Los hijos deben obedecer a sus padres.* — Las leyes de Dios y las leyes de los hombres dan a los padres, con tal que sus hijos no sean mayores de edad, el derecho de mandarles y de hacerles obedecer. Y aun cuando los hijos ya sean mayores de edad, deben, res-

petuosamente, considerar sus deseos y buscar su consejo. Esta obediencia debe ser: 1) amorosa. No deben obedecerles porque les temen sino porque les aman. 2) Debe ser incondicional. Deben obedecer sin hacer preguntas. 3) Debe ser pronta. 4) Debe ser alegre. 5) La obediencia debe ser como al Señor. Tienen que obedecer al Señor. Si los padres les mandaran a pecar o quebrantar uno de los mandamientos del Señor, por supuesto, eso no lo deben obedecer.

3. *Los hijos deben confiar en sus padres y buscar su consejo.* — Los hijos tienen muchas veces la idea de que saben más que sus padres. Pero son necios los que desprecian el buen consejo. Sus mejores consejeros son sus padres. Por lo tanto, deben decirles cuáles libros leen, con quiénes salen a la calle, etc.

4. *Los hijos deben ayudar a sus padres cuanto puedan.* — La ley le da derecho a los padres de controlar el trabajo de sus hijos hasta que sean mayores de edad. Así debe ser, porque los hijos deben mucho a sus padres. Cuando eran impotentes ellos les cuidaban; cuando tenían hambre ellos les daban de comer; cuando tenían frío ellos les vestían; cuando estaban enfermos ellos de día y de noche velaban. Jamás podremos pagar lo que debemos a nuestros padres. Hay que hacer el hogar hasta donde sea posible como el cielo, ayudándoles en todo sentido.

5. *Los hijos deben cuidar a sus padres y hacer que estén felices y cómodos en su edad avanzada.* Cuando nosotros éramos niños, ellos nos cuidaron con tierna solicitud y no escatimaron medio para nuestro bien. Nos toca a nosotros cuidarlos en su ancianidad, sin regatearles nada que sea para su bien, cumpliendo así parte de nuestra inmensa deuda de gratitud que tenemos para con ellos.

19
Deberes de hermanos

"Amaos los unos a los otros con amor fraternal; en cuanto a honra, prefiriéndoos los unos a los otros" (Romanos 12:10).

La Biblia, en muchos lugares, habla de los deberes de maridos, esposas, padres e hijos, mientras que a primera vista dice poco o nada acerca de los deberes de hermanos. Pero cuando nos acordamos de que la Biblia tiene mucho que decir en cuanto a los deberes de los cristianos en su relación los unos para con los otros, y que la relación que existe entre ellos es la de hermanos, no hallamos ninguna dificultad en encontrar suficientes pasajes sobre los deberes mutuos de hermanos. El versículo arriba citado fue dirigido a creyentes, pero igualmente se aplica a los que en una familia tienen la relación de hermanos.

1. *Los hermanos deben ser educados y corteses los unos con los otros.* — La cortesía es algo que algunas personas usan como usan un vestido, para con los de afuera. La verdadera urbanidad es parte de nosotros mismos y no la podemos poner o quitar cuando se nos da la gana. Se puede juzgar qué clase de persona es uno por la manera en que se porta con los hermanos. Si

hubiera más cortesía en la vida del hogar, habría más felicidad en él.

2. *Deben amarse los unos a los otros.* — "Amaos los unos a los otros con amor fraternal." Deberíamos ser benignos. Felices son aquellos que al dar una mirada retrospectiva a su vida pasada, a su juventud y niñez, pueden acordarse solamente de una constante corriente de bondad entre ellos y sus hermanos y hermanas.

3. *Deben ser desinteresados.* — Cuántas veces la tranquilidad del hogar se interrumpe por disgustos entre hermanos. Cuando los niños son pequeños se olvidan de estas cosas, pero cuando se hacen mayores a menudo resulta disensión permanente. Estas dificultades vienen del amor propio. Ambos quieren una misma cosa.

Una tribu en Africa tiene lo que se llama "El rito del hermano". Los que pertenecen al rito se consideran parte vital el uno del otro. Si uno se encuentra en dificultad, o se halla turbado, el otro ha de pensar, "Soy yo mismo quien sufre". Así deben sentirse los hermanos respecto los unos de los otros.

4. *Deben ayudarse mutuamente.* — Deben ayudarse en la formación de buenos caracteres. Deben ayudarse a resistir las tentaciones. Muchos hermanos han podido resistir la tentación, y se les ha impedido la formación de malas costumbres, debido a la influencia de una buena hemana o hermano. Que se ayuden en sus estudios y en otras responsabilidades de la vida.

Naturalmente ninguna de estas cosas se pueden hacer sin la ayuda y bendición del Espíritu Santo.

20
Deberes en el mundo

Cuando el Señor convierte y regenera a un pecador, no cabe duda que en ese mismo instante está preparado para el cielo. Está lavado en la sangre que limpia de todo pecado y apto para encontrarse con Dios. ¿Por qué, entonces, no es llevado por el Señor de una vez al cielo? Porque tiene que trabajar en el interés de otros; tiene que dar testimonio del Señor Jesucristo, y tiene que dar frutos dignos de arrepentimiento para ejemplo a otros, para que los hombres glorifiquen a su Padre que está en los cielos. En una palabra, ha de ser útil en el mundo. Es por medio de sus hijos que Dios lleva a cabo su obra aquí en la tierra. Cuando Cristo de una manera milagrosa dio de comer a la multitud, se dice que dio el pan a los discípulos y los discípulos lo dieron a la multitud; igual cosa ocurre en la actualidad.

1. *Todo cristiano debe ser predicador del evangelio.* — Indudablemente ha llegado la época en que la obra entre nosotros, los de habla castellana, debe ser sostenida y dirigida por nosotros mismos, cueste lo que cueste. Por tanto, tiempo es de redoblar nuestros esfuerzos personales para llevar a cuantos sea posible a los pies de Jesucristo. La predicación es siempre importante,

y nunca debe menospreciarse; pero también es preciso que todo creyente en Cristo Jesús dé con toda fidelidad su testimonio propio. Dijo Jesús a sus discípulos: "Y vosotros sois testigos de estas cosas" (Lucas 24:48).

2. *Es asombroso lo que se puede hacer por el esfuerzo personal.* — El creyente debe estar activo siempre en el servicio del Señor buscando oportunidades de traer almas a los pies de Cristo. De los primitivos cristianos, dispersados por la persecución en Jerusalén, se dice: "Pero los que fueron esparcidos iban por todas partes anunciando el evangelio" (Hechos 8:4). Aquí "evangelio" no significa discursos prolongados en el púlpito; significa sencillamente hablar de Cristo, decir la buena nueva. ¡Cuántos fueron ganados para Cristo de esta manera! Se puede alcanzar a muchas almas por medio de una conversación privada.

3. *En esta obra es absolutamente indispensable usar tacto y saber emplear la Biblia.* — No hay que enrostrarles a las personas con quienes hablamos, lo inútil y necio de la adoración a sus ídolos; ni tampoco debemos herirles con nuestras palabras porque su vida sea demasiado inmoral o profana ni cometer ninguna otra imprudencia semejante, pues "el que gana almas es sabio" (Proverbios 11:30). Debemos hablar con el pecador a solas, de una manera cariñosa, presentándole con toda claridad la verdad y el amor de Dios manifestado en el sacrificio de su muy amado Hijo Cristo Jesús. No cabe duda que al conversar de esta manera, con el mejor deseo de hacerle bien a aquella alma, el Espíritu bendecirá la obra.

4. *Si el cristiano no es realmente útil, es de dudarse que sea de veras creyente en el Señor.* — El gran Maestro, cuyo nombre lleva, siempre hacía el bien. Su comida y su bebida era hacer bien a otros. De día y de

noche, a tiempo y fuera de tiempo, hacía esta obra de amor. El creyente no debe dejar pasar ni un solo día sin que haya hablado con alguna alma en cuanto a su bien espiritual. Debe ser infatigable en sus esfuerzos de traer almas a los pies de Jesús ya sea visitándoles, invitándoles al culto, o llevando a los niños a la escuela dominical.

21
Deberes para con el pastor

La relación entre un pastor y su congregación en las Escrituras es solemne y tierna. El es el mensajero de Dios que les habla la verdad, que les alimenta con el pan de vida, que vela por sus almas y busca, por sobre todo, la edificación y provecho espiritual. Por otro lado, la congregación ha de estimar y obedecer al pastor. Si él ocupa un lugar en los corazones de la grey, ésta le llevará constantemente al trono de Dios (Hebreos 13:7).

1. *Los miembros de la iglesia deben amar a su pastor y tener confianza en él.* — Sea quien fuere el pastor que Dios se ha dignado elegir para pastorearles, los miembros de la iglesia deben sujetarse a él y cooperar con él. El pastor por medio de estudios cuidadosos de la Palabra de Dios prepara sus sermones, y además pide al Señor que los bendiga en el corazón de sus oyentes; por tanto, deben poner toda atención al mensaje.

2. *Cuando los miembros tengan dificultades en su vida espiritual, deben ir al pastor.* — El podrá consolarles y ayudarles, por lo que hay que orar por él para

que siempre tenga palabras de consolación para todos los tristes. Nótese con cuanta sinceridad los apóstoles suplicaron las oraciones de los hermanos (Colosenses 4:3). Un ministro ocupa una posición prominente; se habla de cada una de sus acciones y por lo tanto necesita la ayuda de su iglesia; porque si el Espíritu Santo no está con él, sus mejores esfuerzos fracasarán; los pecadores no se convertirán ni los hermanos serán edificados. Por esto los miembros deben orar para que él hable en el poder del Espíritu Santo.

3. *Los miembros de la iglesia deben ayudar a su pastor.*

a) Con su atención. Un ministro distinguido dijo que una señora pobre de su congregación le ayudaba a predicar más que todos los libros que tenía en su biblioteca. Siempre se encontraba en su asiento y era tanta su atención que no le quitaba la mirada durante todo el mensaje.

b) Con su asistencia puntual. Asista usted puntualmente a todos los servicios, especialmente a los de oración, y tome parte en ellos. Muchos dejan de asistir a las reuniones, y otros que asisten ponen tristeza en el corazón del pastor por su manera de conducirse: llegan tarde, se sientan en algún rincón o en el último banco, como queriendo estar fuera de la vista de todos, y nada hacen para despertar mayor interés en el servicio; pero cuando no hay mucha vida en las reuniones, las tales personas son las primeras en quejarse. Hay que llegar al culto temprano, sentarse lo más adelante que sea posible, no permitir largas pausas en los cultos de oración, estar listos para hablar con otras personas y animarles. Y no cabe duda que todo esto será un consuelo para el pastor.

4. *Los miembros de la iglesia deben respaldar a su pastor con oración.*

a)   Hay ocasiones en que el pastor siente que es su deber poner de manifiesto los pecados de los que profesan ser creyentes, pero que en realidad no lo son, y esto lo hará con sabiduría si está respaldado por las oraciones de su iglesia.

b)   Otras veces tiene que hablar directamente a los inconversos, y tiene, además, que predicar siempre la verdad de Dios porque es siervo suyo y debe obedecer la voz de su Maestro.
Por todo eso y más los miembros de la iglesia deben orar por él.

22

La mujer cristiana en su vestir y su tocado

El asunto de la moda y la vanidad desmedidas que se ha apoderado de las mujeres del mundo, también ha sentado sus reales entre nuestras mujeres cristianas, algunas de las cuales parece que no quieren o no pueden sustraerse a la frivolidad del siglo. Veamos, pues, algunas cosas que pueden servir de índice a las mujeres redimidas, en cuanto a lo dicho.

I. HAY UN PRINCIPIO ESTABLECIDO POR EL ESPIRITU SANTO EN SU PALABRA PARA DESDEÑAR TODO LO QUE ES SUPERFLUO A ESTE RESPECTO (1.ª Pedro 3:3, 4)

1. Nuestro texto destaca primero el adorno que no es exterior. El "adorno" del alma, que es interno e incorruptible, nunca es superfluo y es de muchísima más estima que aquel que sólo altera la apariencia.

Primero habla del adorno que no debe ser exterior, y en esto queda incluido el arreglo elaborado de los cabellos, el uso de pinturas para labios, las uñas y la cara, de cosméticos y otras cosas que no concuerdan con la profesión de mujeres cristianas así como el uso super-fluo de joyas.

2. También advierte que el lujo y la compostura de ropas no viene al caso para mujeres cristianas, ya que el vestido tiene como finalidad cubrir el cuerpo. Siendo así no hace falta que sea una exhibición de moda y de lujo, que muchas veces por serlo resulta deshonesto, en contra de la moral cristiana, y pone en peligro el pudor de las damas. Desde luego no abogamos por un vestir anticuado o desaliñado, porque no hay que olvidar que el cristiano es templo del Espíritu Santo (1.ª Corintios 6:19), y en tal caso, tan bochornoso es la suciedad y el descuido como el lujo y la vanidad. Es una advertencia a la mesura y a la prudencia.

3. Dios ha hablado fuertemente en contra de todas estas vanidades y ha señalado juicio sobre ellas. Por tanto, la mujer cristiana no debe desobedecer a Dios exponiéndose al condigno castigo (Isaías 3:16-24).

II. HAY UN MANDAMIENTO DE NO ENVOLVERSE EN LAS COSAS DEL MUNDO (1.ª Juan 2:15, 16)

1. El amor al mundo se manifiesta en el apego a las cosas que hay en él. El apóstol llama a esto "concupiscencia de la carne, concupiscencia de los ojos, soberbia de la vida". Así pues, coloretes, cosméticos, vanidad en el vestir, etc., son del mundo; provienen del espíritu y máximas de los hombres y mujeres dominados por las concupiscencias. El amor desordenado a estas cosas lisonjea a nuestros sentidos y está opuesto al amor de Dios. "Si alguno ama al mundo el amor del Padre no está en él"; el "amigo del mundo es enemigo de Dios" (Santiago 4:4).

Bueno será que nos fijemos en los extremos de la moda que en definitiva riñen con la piedad cristiana.

En aras del mejor testimonio al mundo, siempre serán necesarios el decoro y la verdadera belleza en la presentación de las mujeres cristianas. Ellas también son siervos del único Dios verdadero.

2. Basta que nos fijemos en que las modas tontas y locas, y todos los adefesios ya mencionados, no han sido inventados por mujeres piadosas, sino por mujeres frívolas y casquivanas, y en general, por personas al servicio del pecado y el mal. Otros vienen de ciertas costumbres paganas o salvajes relacionadas con dioses falsos.

3. ¿Por qué estas prohibiciones? Porque Dios quiere que seamos bendición a otros y el Espíritu Santo no puede usar las cosas del mundo para la salvación de las almas. Porque una mujer vestida y adornada con todas las composturas del siglo excita a la concupiscencia de los ojos, como dijo el apóstol, y se confunde con las personas de moral dudosa. Porque debe haber diferencia entre una mujer cristiana y la del mundo; entre la que dice conocer a Dios y la que ningún conocimiento tiene de El; porque la mujer cristiana es una nueva criatura (2.ª Corintios 5:17).

III. HAY UNA SUPLICA A UNA VIDA ESPIRITUAL MAS ALTA (Romanos 12:1, 2)

1. El apóstol ruega que presentemos nuestros cuerpos en sacrificio vivo, santo y agradable. Puede ser que a la mujer cristiana le parezca un sacrificio eximirse de las cosas antedichas, sea porque sienta apego a ellas o por diferenciarse de las demás; pero precisamente el apóstol ruega que nuestro cuerpo sea presentado en sacrificio. Es decir, que sacrifiquemos gustos e inclinaciones y toda manifestación de pecado en nuestra vida, y no es peregrino incluir en esto la extravagancia del vestir tocado y de los afeites.

2. La súplica dice: "no os conforméis a este siglo"; es decir, no sigáis la forma de las cosas del mundo. En otras palabras, no viváis de acuerdo con sus máximas, costumbres, hábitos y tendencias. De suerte que todo lo que es invención humana contraria a los frutos del Espíritu hay que dejarlo (Gálatas 5:22-26); "no os conforméis". Pero, además, la súplica dice: "reformaos"; es decir, corregid vuestros defectos o hábitos de acuerdo con el nuevo conocimiento que habéis recibido. Si ya tenéis la forma del mundo en vuestra vida, ahora debéis reformaros según la imagen de Cristo.

3. Esa súplica del apóstol a la renovación de nuestro entendimiento, podemos agregarla a los otros conceptos suyos, a "dejar la pasada manera de vivir y vestir el nuevo hombre". Así pues, la mujer cristiana debe ocuparse más de vestir su ser interno con las virtudes de la justicia, la santidad y la verdad, que de las composturas exteriores (Efesios 4:22-24).

4. El apóstol San Pedro hace la misma recomendación y agrega que eso es agradable y de grande estima delante de Dios, y pone como ejemplo a las santas mujeres de otros tiempos (1.ª Pedro 3:4, 5).

Finalmente, todo pastor celoso de la vida espiritual y todo hermano fiel se unirá al ruego del apóstol San Pedro para pediros, estimadas hemanas, dejar todas las vanidades del mundo aunque eso os cueste un sacrificio. Este nunca será tan grande como el sacrificio que Cristo el Señor hizo en la cruz del Calvario para salvar nuestras almas y salvarnos de este presente siglo malo.

23
Urbanidad evangélica

"Yo me alegré con los que me decían: A la casa de Jehová iremos" (Salmo 122:1). "Una cosa he demandado a Jehová, ésta buscaré: que esté yo en la casa de Jehová todos los días de mi vida" (Salmo 27:4).

I. AL ENTRAR A LA IGLESIA

1. Asiste temprano a la iglesia, no solamente para ser puntual sino para estar en su lugar antes de iniciarse la reunión. Los momentos procedentes deben ser preciosos en oración y santa meditación.

2. No traiga perros, pues son imprudentes, distraen la atención y son molestos en la casa de Dios (Apocalipsis 22:15).

3. Siéntese lo más cerca del púlpito que le sea posible, para que los que lleguen tarde puedan sentarse sin distraer la atención ni causar molestias a las personas congregadas (Eclesiastés 5:1).

4. Cuando llegue tarde (lo que nunca debiera suceder), si es el momento en que se ora o se leen las Escrituras, espere en la puerta hasta que termine la

oración o lectura, y al entrar al templo, hágalo de una manera comedida; moderando el paso y no haga ruido. Recuerde que camina en tierra santa (Exodo 3:5).

II. DURANTE EL SERVICIO

1. Su actitud durante el servicio debe ser atenta y reverente. Debe tomar parte en el canto porque es un acto de alabanza y adoración en el culto divino, y si la persona que está a su lado no tiene Biblia o himnario, invítele a compartir el suyo. En la oración incline la cabeza, consciente de que está en la presencia del Todopoderoso a quien es dirigida, y cuando se lea la Sagrada Escritura procure abrir su corazón al mensaje divino. Durante la predicación no trate de distraer la atención haciendo ruido o conversando, lo cual denota falta de educación y de respeto al Creador.

2. No divague la vista por todas partes, ni mire hacia atrás cuando alguien entra. No se ponga a comer, hablar, ni bostezar imprudentemente, porque son señales de poca cultura y nada de reverencia al Señor.

3. Las personas que traigan nenes deben procurar que estén quietecitos; no es bueno darles juguetes, llaves u otros objetos con que puedan hacer ruido; es mejor inculcarles el respecto a la casa de Dios desde pequeños. Si lloran, hay que estar prestos a sacarlos fuera hasta que se calmen.

III. DESPUES DEL SERVICIO

1. Al terminar el culto es buena práctica saludar cariñosamente a cuantas personas se pueda, especialmente a los que vienen por primera vez, pues es práctica cristiana (Romanos 16:16 1.ª Pedro 5:14), pero

73

teniendo cuidado de no entablar charlas infructuosas porque esto es profanar la casa de Dios. Sin olvidar lo primero (saludar a cuantos se pueda) hay que procurar salir cuanto antes del templo, porque quedarse en grupos y corrillos no sólo interrumpe a las personas que quieren salir pronto, sino que da el aspecto de un mercado.

2. Después de haber salido del templo no vuelva a entrar, a menos que lo obligue una causa verdaderamente justa. Hay quienes entran y salen después de terminado el culto pero con ello no hacen bien, sólo demuestran cuán poco aprecian el lugar destinado a la adoración de Dios.

Finalmente, procure hacer el culto, desde su entrada hasta su salida, verdaderamente espiritual; porque tales adoradores busca el Padre (Juan 4:23; 2.ª Timoteo 2:7).

24
Pacto de la iglesia

Para el cristiano evangélico, el único Libro de Fe y Práctica de autoridad divina es la Sagrada Escritura. El Pacto de la iglesia, en la forma que se expone a continuación, es para sus miembros un resumen de las enseñanzas del Nuevo Testamento acerca de los deberes prácticos de la vida cristiana, y del compromiso que han adquirido de conformar sus vidas a ellas. Quizá sea más propio decir "de algunos deberes", porque nadie ha de suponer que todo esté contenido en este breve resumen. He aquí el texto del Pacto dividido en su preámbulo y las cuatro fases de votos que contiene con su correspondiente apoyo bíblico.

PREAMBULO

"Teniendo la convicción de haber sido inducido por el Espíritu Santo a aceptar al Señor Jesucristo por Salvador" (Mateo 11:27; 16:17; Juan 16:7-15).

"Y que al profesar nuestra fe en él, hemos sido bautizados en el nombre del Padre, y del Hijo, y del Espíritu Santo" (Mateo 28:19).

"Nosotros ahora en la presencia de Dios, y de los ángeles" (Salmo 139:7-12; Mateo 18:20; Juan 14:17; Salmos 34:7; Lucas 15:7-10; Mateo 18:10).

"Y de esta reunión; gozosa y solemnemente convenimos todos los miembros de esta iglesia como un cuerpo que somos en Cristo, en el Pacto siguiente" (Romanos 12:5; 1.ª Corintios 12:27).

I. VOTOS DE UNIDAD Y FIDELIDAD A CRISTO, A SU PALABRA Y A LA IGLESIA

1. "Prometemos, pues, auxiliados por el Espíritu Santo, andar juntos en el amor cristiano" (1.ª Juan 4:16, 17; 2.ª Juan 6; Romanos 8:14; Salmo 133:1; Romanos 12:10; Hebreos 13:1).

2. "Hacer de la Biblia nuestra guía y regla de fe y práctica" (Salmo 119:11, 32).

3. "Ser fieles a nuestro Salvador y a nuestra iglesia" (Juan 14:15; Hebreos 10:25).

4. "Ser respetuoso con el pastor, con cada uno' de los oficiales y con nuestros demás hermanos" (Hebreos 13:7; 1.ª Tesalonicenses 5:12, 13).

5. "Procurar el adelantamiento de esta nuestra iglesia, en conocimientos, en santidad y bienestar" (Colosenses 3:16; 2.ª Pedro 3:18, Romanos 6:22; Hebreos 12:14; 1.ª Corintios 12:25, 26).

6. "Promover su prosperidad, y su espiritualidad" (Hechos 2:37-41, 47; 2.ª Timoteo 3:16, 17; Romanos 8:5-7; Efesios 5:18).

7. "Sostener su culto, sus ordenanzas, su disciplina y doctrinas" (Hebreos 10:25; Hechos 2:42; 1.ª Corintios 5:11-13; Gálatas 6:1; Mateo 28:20; 1.ª Timoteo 4:16).

8. "Contribuir fija y gustosamente para la mantención del ministerio; los gastos del culto, el alivio de los pobres y la promulgación del evangelio en todas las na-

ciones" (1.ª Corintios 16:1, 2 y 2 Corintios 9:7; 1.ª Corintios 9:11, 14; Mateo 10:10; 1.ª Pedro 5:1, 2; 2.ª Samuel 7:2; Mateo 21:12, 13; Santiago 2:15, 16; Mateo 25:34-40; Marcos 16:15; Romanos 10:15).

II. VOTOS DE CONSAGRACION Y ABNEGACION EN NUESTRA VIDA CRISTIANA

1. "También prometemos practicar la devoción familiar y la particular, educar a nuestros hijos en la religión" (Lucas 11:1; 2.ª Timoteo 1:5; Mateo 14:23; Lucas 6:12; Deuteronomio 4:9; 6:7; 2.ª Timoteo 3:15).

2. "Procurar la salvación de nuestra parentela, y de nuestros conocidos y de toda la humanidad" (Lucas 8:39; Hechos 1:8).

3. "Andar con circunspección en el mundo, ser justos en nuestros tratos, cumplidos en nuestros compromisos, y ejemplares en nuestro comportamiento" (2.ª Corintios 8:21; Filipenses 4:8; Efesios 5:15; Levítico 19:35, 36; Proverbios 1:3; Santiago 5:12; Romanos 13:7, 8; Filipenses 2:15; 1.ª Tesalonicenses 4:11, 12 1.ª Timoteo 4:12; 1.ª Pedro 4:1-4).

4. "Abstenernos de los chismes, de la calumnia y guardarnos del enojo" (Proverbios 16:28; 26:20; 2.ª Tesalonicenses 3:11; Lucas 3:14; Tito 3:2; 1.ª Pedro 3:10; Romanos 12:19; Efesios 4:31).

5. "Abstenernos también de la venta y uso de bebidas embriagantes, narcóticos e intoxicantes, inclusive el tabaco" (Isaías 5:11; Habacuc 2:15; 1.ª Corintios 3:16, 17; 6:10).

6. "Y ser celosos en nuestros esfuerzos para conseguir el adelanto del reino de nuestro Salvador" (Romanos 12:11).

III. VOTOS DE COMPAÑERISMO Y AMOR FRATERNAL

1. "Además, prometemos velar los unos por los otros en amor fraternal; tenernos presentes unos a otros en nuestras oraciones; auxiliarnos mutuamente en la necesidad y en la enfermedad" (Romanos 12:10; Juan 13:34, 35; Gálatas 6:2; Santiago 1:27; 5:16).

2. "Cultivar la simpatía cristiana en los sentimientos, y la cortesía en el hablar; ser tardos para ofendernos y siempre prontos a reconciliarnos, practicando las reglas de nuestro Salvador para verificarlo sin demora" (Romanos 12:15, 16; Proverbios 15:1; Colosenses 4:6; Proverbios 14:29; Santiago 1:19; Mateo 5:23-25; 18:15-17; Lucas 17:3-5).

IV. VOTOS DE MANTENER NUESTRA COMUNION CON LA IGLESIA LOCAL

"Finalmente, prometemos que, dejando de residir en este lugar, nos uniremos tan pronto como nos sea posible, con alguna otra iglesia, en la cual podamos cumplir con el espíritu de este Pacto y los principios emanados de la Palabra de Dios" (Romanos 16:1; Colosenses 3:16; Hebreos 10:25).

CPSIA information can be obtained
at www.ICGtesting.com
Printed in the USA
LVHW050314301118
598730LV00001B/1/P